ME ENCA AYUDAR

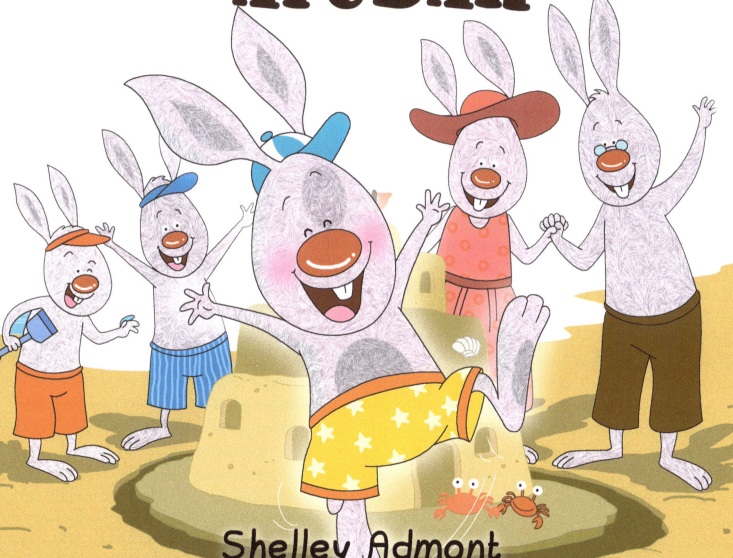

Shelley Admont
Ilustrado por Sonal Goyal y Sumit Sakhuja

www.sachildrensbooks.com
Copyright©2016 by S. A. Publishing
innans@gmail.com

All rights reserved. No part of this book may be reproduced in any form or by any electronic or mechanical means, including information storage and retrieval systems, without written permission from the publisher or author, except in the case of a reviewer, who may quote brief passages embodied in critical articles or in a review.

Todos los derechos reservados. Ninguna parte de este libro se puede utilizar o reproducir de cualquier forma sin el permiso escrito y firmado de la autora, excepto en el caso de citas breves incluidas en reseñas o artículos críticos.

First edition, 2016
Translated from Englsih by Laia Herrera Guardiola
Traducción del inglés de Laia Herrera Guardiola

I Love to Help (Spanish Edition)/ Shelley Admont
ISBN: 978-1-77268-833-7 paperback
ISBN: 978-1-77268-834-4 hardcover
ISBN: 978-1-77268-832-0 eBook

Although the author and the publisher have made every effort to ensure the accuracy and completeness of information contained in this book, we assume no responsibility for errors, inaccuracies, omission, inconsistency, or consequences from such information.

Para aquellos que más quiero-S.A.

Jimmy brincó alrededor del coche emocionado.
— ¡Vamos a la playa!—gritó contento.
— ¡Vamos a la playa!

Papá se rio mientras abría el maletero del coche.
— ¡Eso es!—dijo, —Hace un sol fantástico y queremos ponernos en marcha pronto.

— ¿Por qué no nos ayudas a llevar las cosas que necesitamos al coche? Tus hermanos ya están ayudando.

Jimmy paró de brincar y miró hacia la puerta principal de su casa.

Los dos hermanos de Jimmy estaban ayudando a llevar cosas al coche.

El hermano mayor tenía cubos de colores y palas en sus manos , mientras el hermano mediano estaba llevando la cesta de pícnic.

— ¡Vamos Jimmy! —gritó mamá desde la entrada. —Tú puedes llevar la bolsa de las toallas o esta pequeña silla de playa. No será duro.

Jimmy miró las toallas y la silla.
— ¡No, gracias! —dijo con una sonrisa. — ¡Estoy muy ocupado SALTANDO!

El bosque en el que vivían no estaba muy lejos de la playa y Jimmy se retorció de emoción todo el camino.

Cuando vio la arena dorada de la playa y el agua azul y brillante del mar, empezó a saltar en su asiento.

—Muy bien, aquí estamos—dijo Papá. — ¡Salgamos y disfrutemos el día!

Jimmy salió del coche.
—¡Esto es genial!— exclamó y corrió hacia el agua.

— ¡Espera! — gritó Mamá detrás de él.
—Tienes que ayudarnos a sacarlo todo del coche.

Jimmy se giró, diciendo adiós con la mano a su familia.
— ¡No, gracias! — dijo. — ¡Tengo que construir un **CASTILLO DE ARENA GIGANTE!**

Corrió hacia un puesto perfecto en la playa, justo al lado del mar, y empezó a juntar arena con las manos.

Jimmy estaba tan ocupado pasándoselo bien que no se dio cuenta que su familia iba y venía del coche, llevando objetos a la playa.

Mientras tanto, el castillo se hizo más y más grande.

Jimmy usó cubos para construir torres, hizo una gran muralla de arena que las unía, incluso empezó a cavar un foso alrededor para mantener el castillo a salvo.

— ¡Mi castillo va a ser tan grande que un Rey y una Reina van a querer mudarse!—dijo Jimmy imaginando pequeños caballeros y criados corriendo por el interior.

Mientras Jimmy estaba trabajando en su castillo, sus hermanos mayores iban a la caza de la concha más grande que pudieran encontrar.

Papá se fue a nadar al mar, mirando los peces con su snorkel y Mamá yacía en una toalla más arriba de la orilla.

Jimmy estaba tan concentrado en su castillo que realmente no se dio cuenta de lo que hacía el resto de su familia hasta…

— ¡Cuidado!—Jimmy oyó a su padre gritar.

Levantó la vista justo a tiempo para ver que ¡una ola gigante se alzaba a su lado en el mar!

— ¡Oh no!—exclamó Jimmy mientras la ola se desplomaba encima de él. Cuando el agua se apartó, Jimmy yacía de espaldas y trataba de recuperar el aliento.

— ¡Qué asco!— Jimmy escupió agua salada y sacó algas detrás de sus orejas.

Luego alzó la vista para ver qué le había sucedido a su castillo.

— ¡Nooooooo! exclamó. Sus paredes y el foso no habían hecho nada para protegerlo. Estaba completamente destruido.

Jimmy sintió lágrimas calientes en su cara mientras miraba las ruinas del castillo.

Mamá se arrodilló delante de él y le dio un abrazo. Toda su familia había dejado lo que estaba haciendo y se reunió a su lado.

—Siento lo de tu castillo—dijo Papá.

—Síííííííí, se veía fenomenal— dijo el hermano mayor.

—Y grande— estuvo de acuerdo el hermano mediano.

Mama sonrió. —No te preocupes, Jimmy. Te ayudaremos a construir uno nuevo.

— ¿Lo haréis?— preguntó Jimmy.

— ¡Sí!—su familia rio y todos ellos se dedicaron a la construcción del castillo de arena nuevo.

Algo era diferente esta vez. Jimmy se dio cuenta que con su familia ayudándolo, el castillo era más grande y más bonito que antes.

¡Cuando hubieron acabado, era el castillo de arena más grande que Jimmy había visto!

— ¡Mira!— el hermano mayor señaló el interior. Dos cangrejos se habían establecido en el centro del castillo. — ¡Incluso tiene un Rey y una Reina!

Jimmy brincó hacia arriba y abajo. — ¡Es el mejor castillo de arena de todos los tiempos!

Cuando llegó la hora de marchar, la familia comenzó a recoger las cosas y llevarlas aal coche.

Jimmy sonrió.
— ¿Puedo ayudaros?—preguntó.

Llevó las toallas al coche y luego volvió corriendo para ayudar a llevar los cubos y las palas también.

—Oh, hemos recogido todo muy rápido—, dijo Papá cuando hubieron acabado, mirando a la playa vacía.

Incluso cuando volvieron a casa, Jimmy continuó ayudando, llevando de vuelta a casa las sillas de la playa.

—Quiero ayudar en todo lo que pueda—dijo a Mamá. —Todo funciona mejor cuando nos ayudamos los unos a los otros.

Mamá sonrió.
—Bueno, el coche está vacío ahora, excepto una cosa.

Mamá metió la mano dentro del coche y saco un paquete de galletas.
—Me parece que alguien tiene que ayudar a comerse estas galletas antes de que se echen a perder.

Jimmy rio.
— ¡Sí, por favor! Ayudaré.

www.ingramcontent.com/pod-product-compliance
Lightning Source LLC
LaVergne TN
LVHW060157040225
802900LV00046BA/1572